# Liebe Kinder,

es gibt inzwischen tausende von Weihnachtsgeschichten auf den Büchertischen in aller Welt und dabei wird die einzig wahre, echte meist vergessen: die Geschichte von Jesus. In diesem Buch wird sie für euch erzählt. Und zwar nicht nur die Geschichte von der Weihnachtsnacht im Stall von Betlehem, sondern auch die Erzählungen darüber, was vorher und nachher war: von der Verkündigung der Geburt Jesu, von seinem Wegbereiter Johannes, von den Freuden und Sorgen seiner Eltern Maria und Josef, bis hin zur Geschichte vom 12-jährigen Jesus, der am Ende seiner Kindheit beim Tempelfest in Jerusalem erkennt, dass Gott sein wahrer Vater ist.
Vor mehr als 2000 Jahren, als Jesus im Heiligen Land geboren wurde, hatten die Menschen schwere Zeiten hinter sich. Immer wieder war das Land mit Krieg überzogen worden. Seit Jahrhunderten herrschte überall im Land Kampf, Streit, Leid, Tod, Not und Ungerechtigkeit. Die Menschen litten schwer darunter. Genau wie heute!
Gerade hatte Augustus, der Kaiser von Rom, das Land mit seinen Soldaten besetzt.
Er ernannte Herodes zum König in Jerusalem. Aber der war ein grausamer Mann.
Und dabei wollten die Menschen keinen Kriegsherrn mehr! Sie sehnten sich nach einem Friedenskönig. Einen, wie er ihnen in den alten Schriften prophezeit worden war. Der alte Priester Zacharias war der erste, der erfuhr, dass diese Prophezeiung endlich erfüllt werden sollte ...
Und jetzt lest die einzig wahre Weihnachtsgeschichte ...

Ursel Scheffler

Herders Kinderbibel

# Uns ist ein Kind geschenkt

## Die Weihnachtsbibel

Ursel Scheffler
Betina Gotzen-Beek

HERDER
FREIBURG · BASEL · WIEN

# Eine aufregende Nachricht

„Zacharias! Wo ist Zacharias?", riefen die Priester im Vorhof des großen Tempels von Jerusalem. Bei der Auslosung für den Tempeldienst im Allerheiligsten war an diesem Tag sein Name gezogen worden. Das war eine große Ehre, die jedem Priester nur einmal im Leben zuteil wurde.
Kein Wunder, dass Zacharias ungeheuer aufgeregt war. Er bahnte sich seinen Weg durch die Menschenmenge, die sich vor dem Tempel versammelt hatte. Keiner außer ihm durfte an diesem Tag das Allerheiligste betreten!
Als erstes bereitete Zacharias das Brandopfer vor. Er legte Kohle und Weihrauchharz in die goldene Schale auf dem Altar und zündete es an. Ganz still war es jetzt. Der Rauch stieg empor und Wohlgeruch erfüllte den Tempel.
Zacharias betete zu Gott, dass er endlich den Herrn und König senden möge, den die Propheten seit langer Zeit angekündigt hatten. Einen Friedenskönig! Denn Herodes, der im Auftrag des römischen Kaisers als König eingesetzt worden war, war ein grausamer Herrscher. Er hatte aus Machtgier viele Menschen umbringen lassen und Leid über das Land gebracht.
Zacharias war so versunken in sein Gebet, dass er den Engel nicht bemerkte, der plötzlich neben dem Altar stand und zu ihm sagte:
„Fürchte dich nicht! Dein Gebet ist erhört worden! Der Friedenskönig wird kommen. Und dein Sohn soll ihm den Weg bereiten."
„Ich habe doch gar keinen Sohn", rief Zacharias.
„Deine Frau Elisabet wird bald ein Kind bekommen. Dem sollst du den Namen Johannes geben."
Zacharias seufzte und sagte: „Wie soll ich das glauben? Ich bin ein alter Mann, und meine Frau Elisabet ist fast so alt wie ich."
„Ich bin der Engel Gabriel. Gott schickt mich, um dir diese frohe Botschaft zu bringen.

Und du zweifelst, Zacharias? Weil du meinen Worten nicht glaubst, sollst du stumm sein und nicht mehr reden können, bis alles genau so eingetroffen ist, wie ich es gesagt habe."

Zacharias versah weiter stumm seinen Dienst, wie es vorgeschrieben war. Erst als er wieder aus dem Tempel hinaustrat und den Segen sprechen wollte, merkte er, dass er tatsächlich nicht mehr reden konnte!

Aufgeregt erklärte er den anderen Priestern mit Händen und Füßen, dass er im Tempel eine Erscheinung gehabt hatte. Einige glaubten ihm, andere nicht. Auch seine Frau Elisabet zweifelte und sagte:

„Du glaubst doch nicht allen Ernstes, dass ich in meinem Alter noch ein Kind bekommen kann?"

# Der Engel Gabriel bei Maria

Sechs Monate nachdem der Engel Gabriel bei Zacharias im Tempel gewesen war, kam er in ein kleines Städtchen in Galiläa namens Nazaret. Dort erschien er einer jungen Frau. Sie hieß Maria und war mit einem jungen Mann aus dem gleichen Ort verlobt, der Josef hieß. Er war ein armer Zimmermann, obwohl seine Familie vom König David abstammte.

Maria und Josef wollten bald heiraten. Aber bevor sie eine Familie gründen konnten, musste Josef noch Geld verdienen.

Maria war allein, als der Engel Gabriel plötzlich neben sie trat und sagte: „Sei gegrüßt, der Herr ist mit dir!"

Maria sah ihn erschrocken an.

„Fürchte dich nicht", sagte der Engel. „Du wirst einen Sohn auf die Welt bringen, den sollst du Jesus nennen. Er wird ein großer König sein."

„Wie soll das geschehen, da ich noch nicht mit einem Mann zusammenlebe?", fragte Maria überrascht.

„Der Heilige Geist wird über dich kommen. Das Kind wird heilig sein und Gottes Sohn genannt werden. Bei Gott ist kein Ding unmöglich. Auch deine Verwandte Elisabet wird in drei Monaten einen Sohn bekommen, trotz ihres hohen Alters." Danach verließ sie der Engel.

# Johannes wird geboren

Die Botschaft des Engels hatte Maria unheimlich aufgeregt. Darüber musste sie unbedingt mit Elisabet sprechen! Sie machte sich auf den Weg ins Bergland von Judäa, um ihre Cousine zu besuchen.

Elisabet stand vor dem Haus, als Maria den Berg herauf kam. Maria sah schon von weitem, dass Elisabet wirklich schwanger war!

Elisabet umarmte Maria und sagte: „Ich freue mich so, dass du kommst. Und das Kind in meinem Bauch hüpfte vor Freude, als es deine Stimme hörte."

Maria erzählte Elisabet von der Botschaft des Engels, und dass sie auch einen Sohn bekommen sollte.

„Ich weiß", sagte Elisabet. „Denn meinem Zacharias ist vor einiger Zeit auch ein Engel erschienen. Er ist darüber so erschrocken, dass er seitdem stumm ist. Der Engel hat ihm verkündet, dass unser Sohn deinem Sohn den Weg bereiten soll!"

Maria blieb drei Monate bei ihrer Cousine und kümmerte sich um sie. Dann kam Elisabets kleiner Sohn auf die Welt. Nachbarn und Verwandte kamen zu Zacharias und Elisabet und fragten: „Wie soll denn das Kind heißen?"
„Johannes", sagte Elisabet.
„Soll er nicht lieber Zacharias heißen, wie sein Vater?", meinte ein Neunmalkluger und deutete auf den stummen Zacharias. Der verlangte ein Schreibtäfelchen und schrieb zur Überraschung aller darauf:

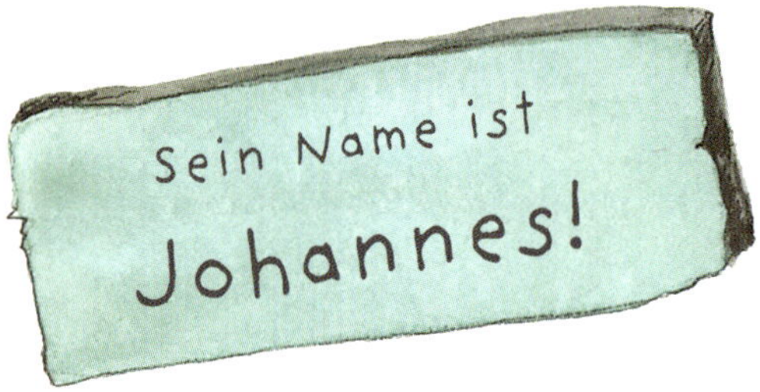


Seine Freunde staunten noch mehr, als er gleich darauf mit kräftiger Stimme bestätigte: „Ja! Johannes soll er heißen!"
Jetzt waren alle fassungslos. Zacharias konnte wieder reden!
Alles war so gekommen, wie es der Engel vorhergesagt hatte.
Das war ein Zeichen dafür, dass Johannes, der Sohn von Zacharias und Elisabet, ein ganz besonderes Kind war.

Nachdem Josef erfahren hatte, dass Maria ein Kind haben würde, das nicht von ihm war, beschloss er, sich in aller Stille von ihr zu trennen.
Während er darüber nachgrübelte, erschien auch ihm ein Engel und sagte: „Josef, Sohn Davids, das Kind, das Maria erwartet, ist ein ganz besonderes Kind. Es ist vom Heiligen Geist. Sie wird einen Sohn gebären, dem sollst du den Namen Jesus geben, denn er wird sein Volk von seinen Sünden erlösen."
Da beschloss Josef, sich um Maria und das Kind zu kümmern und sie zu beschützen.
Er nahm Maria als seine Frau in seinem Haus auf.

# Die Geburt Jesu

Kaiser Augustus in Rom wollte einen Überblick über die Steuereinnahmen in seinem riesigen Römischen Reich bekommen. Deshalb befahl er, dass alle Leute sich in Steuerlisten eintragen lassen sollten. Das galt auch für die Juden. Zu diesem Zweck musste jeder in die Stadt gehen, in der er geboren war.
Auch Josef, der aus Betlehem stammte, wie König David, machte sich gemeinsam mit seiner Frau Maria auf den Weg.
Von Nazaret in Galiläa bis nach Betlehem in Judäa war es eine weite Reise. Ungefähr 200 Kilometer mussten die beiden zu Fuß zurücklegen. Über eine Woche waren sie unterwegs. Es war kalt und die Reise war sehr beschwerlich. Besonders für Maria. Sie konnte jetzt jeden Tag ihr Kind bekommen.

Als sie schließlich kurz vor Betlehem waren, war es soweit: Die Wehen setzten ein. Josef versuchte verzweifelt, eine Unterkunft für die Nacht zu bekommen. Aber die Herbergen waren voll und sie wurden überall abgewiesen.
Schließlich überließ ihnen ein mitfühlender Mann seinen Stall. Ein Ochs und ein Esel standen darin. Die schienen nichts dagegen zu haben, dass Maria sich ins Stroh legte. Neugierig sahen sie zu, wie das Kind auf die Welt kam. Maria wickelte es in Windeln, und Josef legte es in eine Futterkrippe, die er mit Heu ausgepolstert hatte.
„Es soll Jesus heißen", sagte Maria. „Das hat der Engel gesagt."
„Ja, er soll Jesus heißen", sagte Josef und strich dem Kind zärtlich über die Stirn.

# Die Hirten auf dem Feld

Die meisten Menschen in Betlehem schliefen, als Jesus geboren wurde. Nur ein paar Hirten wachten draußen auf dem Feld bei den Schafen.
Sie wärmten sich am Lagerfeuer. Es war eine kalte, sternenklare Nacht.
Plötzlich deutete einer von ihnen auf einen Stern, der heller leuchtete als alle anderen, und sagte: „Seht doch, wie er glänzt!"
„Es ist ein Komet, glaube ich", sagte einer der alten Hirten.
Plötzlich erfüllte ein Rauschen, Strahlen und Leuchten die Nacht. Die Hirten erschraken und hielten die Hand vor die Augen, weil sie so geblendet waren. Ein Engel stand im hellen Licht und sagte: „Fürchtet euch nicht, denn ich verkünde euch eine große Freude. Jesus ist geboren, der König und Retter, auf den ihr alle schon so lange gewartet habt! Wenn ihr dem Stern folgt, findet ihr das Kind. Es liegt in einem Stall in Betlehem in einer Futterkrippe." Und dann kamen noch mehr Engel, die das Lob Gottes sangen und den Menschen auf Erden Frieden wünschten.
Als die Engel wieder verschwunden waren, sahen sich die Hirten an und sagten: „Lasst uns schnell nach Betlehem gehen und sehen, was dort geschehen ist. Wir müssen das Kind finden, und wenn wir jeden einzelnen Stall durchsuchen."
Sie nahmen ein kleines Schaf und ein paar Früchte als Geschenk mit und machten sich auf den Weg. Als sie nach Betlehem kamen, mussten sie nicht lange suchen.
Sie fanden den Stall sofort. Der helle Stern wies ihnen den Weg. Licht schimmerte aus der Tür. Vorsichtig näherten sie sich. Sie entdeckten einen Mann, eine Frau und ein Kind, das in einer Krippe lag, wie es der Engel gesagt hatte. Das war also der Retter und König, der die Menschen glücklich machen sollte, die so lange unter Not und Unterdrückung gelitten hatten. Er war nicht in einem Königspalast geboren, sondern in einem Stall, und war so arm wie die Hirten! Sie gaben Maria und Josef ihre Geschenke und erzählten, was ihnen der Engel gesagt hatte. Dann knieten sie vor dem Kind nieder und beteten. Danach kehrten die Hirten wieder zu ihren Herden zurück. Sie lobten und priesen Gott für alles, was sie gehört und gesehen hatten.

# Die Weisen aus dem Morgenland

Der helle Stern über Betlehem war auch in ganz fernen Ländern bemerkt und als besonderes Zeichen gedeutet worden. Drei weise, sternkundige Männer machten sich auf den Weg, um nachzusehen, was das Zeichen am Himmel bedeuten sollte. Sie kamen aus dem Osten, den man das Morgenland nannte, weil dort die Sonne aufgeht. Sie waren sich einig, dass dieses Zeichen die Geburt des großen Königs anzeigte, die in den alten Schriften schon lange vorhergesagt war.

Als die drei Weisen nach Jerusalem kamen, gingen sie daher zuerst zum Palast des Königs Herodes. Aber dort wusste man nichts von der Geburt eines Königskindes.

„Ein Königskind?", rief Herodes erschrocken, als er davon erfuhr.

Wer sollte das sein? Und wo war es geboren? In seiner Familie war jedenfalls kein Kind auf die Welt gekommen. Seine eigenen Söhne, die einmal das Reich erben sollten, waren längst erwachsen.

Er rief Hohepriester und Schriftgelehrte zu sich und fragte sie, wo denn dieser geheimnisvolle Königssohn geboren worden sein könnte.

Sie antworteten: „Wahrscheinlich in Betlehem, in Judäa. So steht es jedenfalls bei den Propheten!" Und dann lasen sie die Schriftstelle vor:

> *„Du, Betlehem im Gebiet von Juda, bist keineswegs die Unbedeutendste unter den führenden Städten von Juda; denn aus dir wird ein Fürst hervorgehen, der Hort meines Volkes Israel."*

Als Herodes das gehört hatte, fürchtete er um seinen Thron. Er ließ die drei weisen Männer zu sich holen. Sie mussten ihm genau erklären, wo und wann der Stern erschienen war. Dann sagte er listig:

„Geht und forscht nach, wo das Kind ist. Und wenn ihr es gefunden habt, berichtet mir, damit ich auch hingehen kann, um es zu ehren."

Das versprachen die drei sternkundigen Männer, denn sie ahnten noch nichts von den finsteren Gedanken des Königs.
Als die drei Weisen aus dem Morgenland seinen Palast verließen, sah Herodes ihnen mit düsteren Blicken nach. Er wollte schon dafür sorgen, dass keiner ihm oder seinen Söhnen die Königswürde wegnehmen würde.

Die drei Weisen folgten dem Stern, der sie bis nach Betlehem führte. Sie fanden das Kind im Stall, fielen vor ihm auf die Knie, beteten und holten die Geschenke hervor, die sie in den Satteltaschen ihrer Reittiere verwahrt hatten. Darunter waren Weihrauch, Myrrhe und Gold. Wie froh waren sie, dass sie den König der Könige endlich gefunden hatten!
In der Nacht vor der Rückreise hatten sie einen Traum, in dem ihnen gesagt wurde, dass sie nicht zu Herodes zurückkehren sollten, weil der mit dem Kind Böses im Sinn hatte. Daher machten sie einen großen Bogen um Jerusalem und Herodes wartete vergeblich auf sie.

# Die Flucht nach Ägypten

König Herodes konnte nicht mehr ruhig schlafen, seit er von der Geburt des Kindes erfahren hatte. Er musste immer an die drei sternkundigen Männer denken. Sie waren so sicher gewesen, dass es der in der Schrift prophezeite König war! Hätten sie sonst eine so weite und beschwerliche Reise gemacht? Und dann dieser Stern! Auch Herodes glaubte daran, dass man aus den Sternen lesen konnte. Bestimmt hatten die Männer das Kind längst gefunden. Aber warum kamen sie nicht zurück? Er schickte Leute los, die nach den Männern suchen sollten. Und nach dem Kind! Er musste dieses Kind finden und es töten, wie er zuvor schon viele getötet hatte, die seiner Macht im Wege waren!

Aber Gott kannte die finsteren Gedanken des Herodes. Er ließ Josef im Traum einen Engel erscheinen, der sagte: „Steh auf, nimm das Kind und seine Mutter und flieh nach Ägypten. Bleibt dort, bis ich euch etwas anderes auftrage; denn Herodes will euer Kind umbringen lassen!"

Josef stand mitten in der Nacht auf, packte seine Habseligkeiten auf einen Esel, nahm Maria und das Kind und floh nach Ägypten.

Als Herodes nach einiger Zeit merkte, dass die Sterndeuter ihn getäuscht hatten und längst auf einem anderen Weg in ihre Heimat zurückgereist waren, wurde er sehr zornig. Er tobte:

„Ich muss dieses Kind finden! So schnell wie möglich. Schließlich bin ich vom römischen Kaiser zum König der Juden bestimmt worden und keiner sonst!"

Und er hatte auch schon genaue Pläne, wie später einmal das Reich zwischen seinen drei Söhnen, Archelaus, Philippus und Herodes Antipas, und seiner Stieftochter Salome aufgeteilt werden sollte.

Herodes rief seine Soldaten, die für ihn schon öfter ähnliche Aufträge erledigt hatten, und sagte: „Geht nach Betlehem und bringt dort alle Jungen um, die jünger als zwei Jahre sind! Sofort!"

Die Soldaten, die genauso grausam waren wie ihr König, folgten diesem schrecklichen Befehl und brachten großes Leid über die Familien in Betlehem.

König Herodes war sicher, dass ihm jetzt keiner mehr die Krone wegnehmen konnte. Aber er wurde krank und starb innerhalb von wenigen Wochen.

Nach dem Tod des Herodes kam ein Engel zu Maria und Josef nach Ägypten und sagte: „Ihr könnt wieder zurück nach Israel, denn Herodes ist tot!"

Da machten sich die beiden mit dem Kind wieder auf die lange Reise. Unterwegs erfuhr Josef, dass jetzt in Judäa Archelaus regierte, der genauso grausam war wie sein Vater. Deshalb kehrten sie nicht nach Betlehem zurück, sondern gingen weiter nach Nazaret in Galiläa, wo Maria und Josef früher gewohnt hatten. Dort herrschte Herodes Antipas, von dem man sagte, dass er nicht so unerbittlich sei wie sein Bruder und sein Vater.

# Der zwölfjährige Jesus im Tempel

Jesus wuchs im Haus seines Vaters Josef auf, der sich als Zimmermann seinen Lebensunterhalt verdiente. Er half in der Werkstatt und spielte mit den Nachbarkindern. Die wussten nicht, dass Jesus der Sohn Gottes war.
Aber dann kam der zwölfte Geburtstag. Das ist ein besonderer Tag für einen jüdischen Jungen. Er feiert Bar Mizwa, das ist wie Kommunion oder Konfirmation. Denn vom 13. Lebensjahr an ist er kein kleines Kind mehr. Er wird in die Gemeinde der erwachsenen Juden aufgenommen. Er darf den Tempel besuchen und aus der Tora Bibeltexte vorlesen. Er muss von da an die religiösen Gebote und Vorschriften beachten.
Dazu gehört auch, dass man am Paschafest den Tempel besucht. Bei diesem Fest erinnern sich alle Juden daran, wie Gott ihr Volk vor langer Zeit aus Ägypten gerettet hat. Pascha bedeutet „Verschonung". Gott hatte damals die erstgeborenen Söhne der Ägypter sterben lassen und die Kinder der Juden verschont.
Um dieses Paschafest zum ersten Mal mit Jesus gemeinsam zu feiern, machten sich Maria und Josef auf den weiten Weg zum großen Tempel in Jerusalem. Zusammen mit anderen Pilgern wanderten sie einige Tage lang nach Süden. Immer mehr Menschen schlossen sich dem Pilgerzug an.
Jesus wurde immer aufgeregter, je näher sie Jerusalem kamen. Und dann sah er die Stadt mit den Häusern aus weißem Kalkstein am Berg liegen. Das schönste aller Häuser war der neue Tempel, der weithin leuchtete. Das war das Haus Gottes, seines Vaters! Kein Wunder, dass Jesus Herzklopfen hatte, als er das erste Mal den Tempelvorhof betreten durfte, der für alle Ungläubigen und auch für Frauen und Kinder verboten war. Dann wurde das Paschafest gefeiert. Es wurde gebetet und gesungen. Die Pilger kauften Lämmer und gaben sie den Priestern als Opfergabe.
Und Jesus hatte Fragen, so viele Fragen, dass Maria und Josef sie gar nicht alle beantworten konnten.

Als das Fest vorbei war, machten sich die Pilger wieder auf den Heimweg und strömten in alle Himmelsrichtungen davon.
Man traf Bekannte, ging den Weg ein Stück gemeinsam und unterhielt sich. Erwachsene und junge Leute blieben für lange Strecken in Gruppen unter sich. Daher fiel es Maria und Josef zunächst gar nicht auf, dass Jesus nicht mehr bei ihnen war. Schließlich war er ja schon zwölf Jahre alt.
„Er wird Freunde getroffen haben", sagte Josef, als sich Maria Sorgen machte. Als es Abend wurde und die Pilger Rast machten, fragten sie überall herum. Aber niemand hatte Jesus gesehen.
Auch nachts kam Jesus nicht. Da kehrten Maria und Josef im Morgengrauen nach Jerusalem zurück. Drei Tage liefen sie durch die Straßen und suchten voller Sorge überall. Aber sie fanden Jesus nirgendwo. Schließlich gingen sie zum Tempel hinauf, um zu beten. Und dort entdeckten sie ihren Sohn! Er saß mitten unter den Lehrern und Priestern, hörte ihnen zu und stellte Fragen. Alle waren erstaunt darüber, wie klug und verständnisvoll er redete und wie viel er wusste.
Aber seine Eltern waren ziemlich ärgerlich und seine Mutter sagte:
„Wie konntest du uns das antun? Wir haben uns solche Sorgen um dich gemacht!"
„Warum habt ihr mich überall gesucht? Wisst ihr nicht, dass ich im Haus meines Vaters sein muss?", antwortete Jesus.
Da erinnerte sich Maria an die Prophezeiung des Engels vor seiner Geburt. Sie spürte, dass Jesus sie mit seinem Verhalten nicht verärgern wollte, sondern seiner inneren Stimme gefolgt war.

# Das Heilige Land

Mittelmeer
Damaskus
Babylon
GALILÄA
Kana
Kafarnaum
Nazaret
Betsaida
See Genezareth
Nain
Cäsarea
Joppe
SAMARIA
Jordan
Emmaus
Berg Nebo
Jericho
Jerusalem
Betlehem
JUDÄA
Hebron
Totes Meer
ÄGYPTEN

Alle Illustrationen: Betina Gotzen-Beek

Umschlaggestaltung: Hermann Bausch

unter Verwendung einer Illustration von Betina Gotzen-Beek

Gedruckt auf umweltfreundlichem, chlorfrei gebleichtem Papier



www.herder.de

Satz und Lithoarbeiten: Reprographia MEDIENHAUS-LAHR

Druck und Einband: Proost, Turnhout 2003

ISBN 3-451-28148-1